『大学』を素読する

読本『仮名大学』

Iyota Satoru
伊與田覺

致知出版社

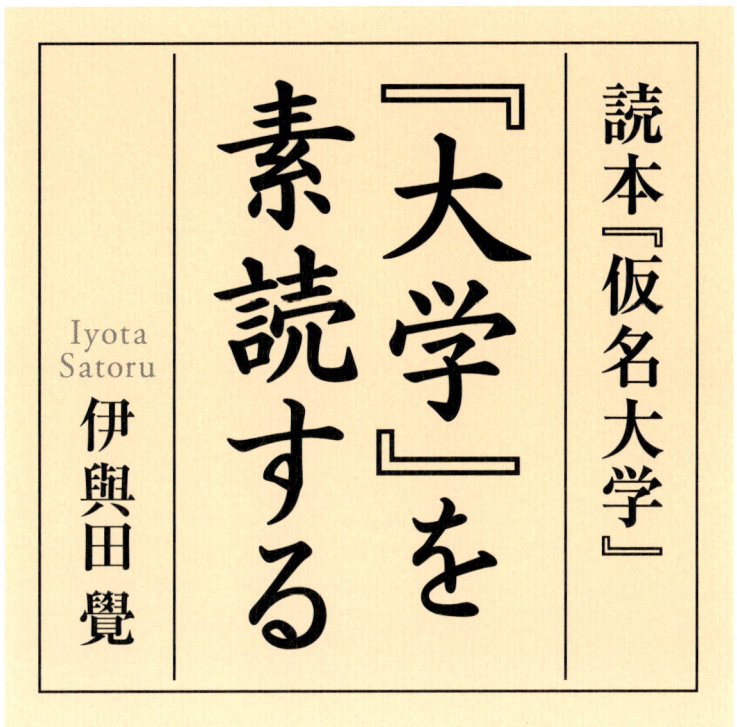

まえがき

明の王陽明先生は初学の者に対しては、必ず「大学」を以《もっ》て教えたと伝えられています。わが国に於《お》いても、近江《おうみ》聖人《せいじん》と称せられる中江藤樹先生が十一歳の時、大学の「天子自《よ》り以《もっ》て庶人《しょじん》に至るまで、壹《いっ》に是《こ》れ皆《みな》身を修むるを以て本《もと》と為《な》す」の一句にいたく感動して聖賢の道に志しました。また野の聖人と称せられる二宮尊徳先生が少年の頃、薪《たきぎ》を背負いながら常に読み続けたのが大学です。

その大学は、修己《しゅうこ》治人《ちじん》の最も手近な古典で曽子《そうし》（前五〇五～四三五）及びその弟子達によって作られたものであろうと言われています。曽子、姓は曽、名は参《しん》、字《あざな》は子輿《しよ》、魯《ろ》の武城の人、孔子より四十六歳若く、孔子からは「参《しん》は魯《のろま》だ」と評され、俊秀の多い孔子門下では左程目立った存在ではありませんでした。然し大変素直で孔子の教に随喜して実践を重んずる生き方に孔子は密《ひそ》かに注目しておられました。ある日孔子（七十二歳）が曽子（二十六歳）に「参《しん》よ私の道は一を以て貫いているよ」と語りかけられました。すると曽子はすかさず「はい」と歯切よく答えました。孔子は曽子の声と共に眼を見られて、まさに以心伝心と悟り、満足して立ち去られました。これを曽子は先生の一なる道は「忠恕《ちゅうじょ》」だと受容しました。そうして曽子は生涯、師の道を実践し、不滅の書「大学」や「孝経《こうきょう》」を著しました。後世孔子の至聖に対し宗聖と並称され、三省《さんせい》、追遠《ついえん》、弘毅《こうき》、致知格物《ちちかくぶつ》等の彼の語が、現代にも多く息づいています。

　現存の大学の書に、礼記の一篇であった所謂《いわゆる》「古本大学」と南宋の朱子が改変して注釈を加えた「大学章句」の二種類があります。徳川時代には朱子学が正統とされて解釈の上で一部に差異がありました。本書は文章の配列は大学章句によりましたが、頭註は自由に致しましたので、先覚諸賢の忌憚《きたん》のないご批正を賜って逐次補完していきたく存じます。

　なお本文は、昨夏老いの手の震えを案じながら墨書した拙筆です。汗顔の至りではありますが枉《ま》げてご笑読下されば大幸の極みです。

　因《ちな》みに古典を学ぶ上に於《お》いて大切なことは「素読」です。素読は天命に通ずる先覚の書を、自分の目と口と耳とそして皮膚を同時に働かせて吸収するのです。これを読書百遍で繰り返し繰り返し続けることによって、自《おのずか》ら自分の血となり肉となるのです。それが時あって外に滲《にじ》み出ると風《ふう》韻《いん》となり、そういう人格を風格ともいうのです。

おわりに拙書が上梓されるに当り、致知出版社の藤尾秀昭社長とのまことに遇い難い道縁に由ることを深く感謝致します。

九十二迂叟　伊與田　覺

平成十九年一月十日

装幀——川上成夫

仮名大學

○知徳を兼ね備えて世によい影響を及ぼすような立派な人物、即ち大人となる学問の道筋は、先ず生れながら与えられている明徳を発現（明らかに）するところにある。その明徳が発現されると、自《おのずか》ら通ずる心一体感が生じ、誰とも親しむようになる。更に判断が正しくなり、常に道理に叶った行為が出来るようにもなる。

○正しい道理を弁えると心は一つに定まって動揺しなくなる。従って心安らいで思いをめぐらし、物事を正しく会得して、自ら満足して行動するようになる。

※明徳の陰が玄徳、玄徳の陽が明徳。

大學《だいがく》の道《みち》は、明徳《めいとく》を明《あき》らかにするに在《あ》り。民《たみ》に親《した》しむに在《あ》り。至善《しぜん》に止《とど》まるに在《あ》り。止《とど》まるを知《し》りて后《のち》定《さだ》まる有《あ》り。定《さだ》まりて后《のち》能《よ》く静《しず》かなり。静《しず》かにして后《のち》能《よ》く安《やす》し。安《やす》くして后《のち》能《よ》く慮《おもんばか》る。慮《おもんばか》りて后《のち》能《よ》く得《う》。

○物事には必ず本と末、終りと始めがあるものである。そこで常に何を先にし、何を後にすべきかを知って行動すれば人の道に大きくはずれることはない。

○昔、明徳を天下に明らかにして平安を来たそうと思う王者は、必ず自分の国をよく治めた。自分の国をよく治めようとして、先ず自分の家をよく調和させた。自分の家をよく調和させようとして、先ず自分の身の修養に努めた。そして身を修めるに当っては、先ず自分の心を正しくした。自分の心を正そうとして自分の意識や感情を正常にしようとした。その意識や感情を正常にしようとして先ず生れながら与えられてい

物《もの》に本末《ほんまつ》有《あ》り。事《こと》に終始《しゅうし》有《あ》り。先後《せんご》する所《ところ》を知れば、則《すなわ》ち道《みち》に近《ちか》し。

古《いにしえ》の明徳《めいとく》を天下《てんか》に明《あき》らかにせんと欲《ほっ》する者《もの》は、先《ま》ず其《そ》の國《くに》を治《おさ》む。其《そ》の國《くに》を治《おさ》めんと欲《ほっ》する者《もの》は、先《ま》ず其《そ》の家《いえ》を齊《ととの》う。其《そ》の家《いえ》を齊《ととの》えんと欲《ほっ》する者《もの》は、先《ま》ず其《そ》の身《み》を修《おさ》む。其《そ》の身《み》を修《おさ》めんと

る知恵を極めようとした。そして知恵を極めるというのは、即ち自己を正して本来にかえることである。

○自分を正せば知恵は自ら澄んでくる。鏡のようにわが知恵が澄めば、意識や感情は正常になる。意識や感情が正常になると内なる心も正しくなる。心が正しくなることによって自《おのずか》ら身が修《おさ》まる。自分の身がよく修まると一家はよく和やかに調

欲《ほっ》する者《もの》は、先《ま》ず其《そ》の心《こころ》を正《ただ》しうす。其《そ》の心《こころ》を正《ただ》しうせんと欲《ほっ》する者《もの》は、先《ま》ず其《そ》の意《こころばせ》を誠《まこと》にす。其《そ》の意《こころばせ》を誠《まこと》にせんと欲《ほっ》する者《もの》は、先《ま》ず其《そ》の知《ち》を致《いた》す。知《ち》を致《いた》すは、物《もの》を格《ただ》すに在《あ》り。物《もの》格《ただ》して后《のち》知《ち》至《いた》る。知《ち》至《いた》りて后《のち》意《こころばせ》誠《まこと》なり。意《こころばせ》誠《まこと》にして后《のち》心《こころ》正《ただ》し。心《こころ》正《ただ》して

和する。一家がよく調和すれば、一国がよく治まる。一国がよく治まることによって天下は自《おのずか》ら平安となり、明徳も個々人に明らかになるのである。
※大学の八条目の前段を願望過程、後段を実行過程として解説している所に妙味がある。
○八条目を本末という点から見ると、天子から庶人に至るまでおしなべて自分の身を修めるのが本であるという。
※近江聖人と称される中江藤樹は十一歳の時、この章に感動して聖賢の道に志した。
○その本である自分の身が乱れて、家をはじめ国や天下が治まることはない。
○要するに、その厚くすべき本をおろそかにして、薄くすべき末の方に力を注ぎ過ぎると、

后《のち》身《み》修《おさ》まる。身《み》修《おさ》まりて后《のち》家《いえ》齊《ととの》う。家《いえ》齊《ととの》いて后《のち》國《くに》治《おさ》まる。國《くに》治《おさ》まりて后《のち》天《てん》下《か》平《たい》らかなり。

天《てん》子《し》自《よ》り以《もっ》て庶《しょ》人《じん》に至《いた》るまで、壹《いつ》に是《こ》れ皆《みな》身《み》を修《おさ》むるを以《もっ》て本《もと》と爲《な》す。其《そ》の本《もと》亂《みだ》れて末《すえ》治《おさ》まる者《もの》は否《あら》ず。其《そ》の厚《あつ》くする所《ところ》の者《もの》を薄《うす》くして、其《そ》

所謂本末顛倒して、長い目で見れば終りを完うすることはできない。

※これからは以上述べて来た三綱領や八条目が単なる独見ではなくて、すでに定評のある経書等によって、その信憑性《しんぴょうせい》を高めようとするものが多い。

○康誥（書経の一篇）に、「克く徳を明らかにする」とあるのは「明徳を明らかにする」を言ったものである。

○大甲（書経の一篇）に「諟（是）の天の明命を顧みる」とあるのは「明徳を明らかにする」を言ったものである。

○帝典（書経の一篇）に「克く峻（大）徳を明らかにする」とあるのは明徳を明らかにする」を言ったものであ

の薄《うす》くする所《ところ》の者《もの》を厚《あつ》くするは、未《いま》だ之《こ》れ有《あ》らざるなり。

康誥《こうこう》に曰《い》わく、克《よ》く徳《とく》を明《あき》らかにすと。

大甲《たいこう》に曰《い》わく、諟《こ》の天《てん》の明命《めいめい》を顧《かえり》みると。

帝典《ていてん》に曰《い》わく、克《よ》く峻徳《しゅんとく》を明《あき》らかに

る。昔のこれらの聖天子は、皆自ら努めて明徳を明らかにしたのである。

○殷《いん》の湯王の洗面器に刻みつけた自戒の銘に、本当に毎日自己を新鮮にして停滞することがないようにとあるが、これは新たにすることの大切さを言ったものである。

○康誥篇には民がそれぞれの立場に於て、自ら進んで創造性を発揮する。即ちやる気を起して自主的に活動するよう指導するのが政治の要道であるとある。これらは新たにすることの大切さを言ったものである。

○詩経（大雅文王篇）に、周は旧い伝統ある

すとい

皆《みな》、自《みずか》ら明《あき》らかにするなり。

湯《とう》の盤《ばん》の銘《めい》に曰《い》わく、苟《まこと》に日《ひ》に新《あら》た日《ひ》日《び》に新《あら》たに、又《また》日《ひ》に新《あら》たならんと。

康《こう》誥《ごう》に曰《い》わく、新《あら》たにする民《たみ》を作《おこ》すと。

詩《し》に曰《い》わく、周《しゅう》は舊《きゅう》邦《ほう》なりと雖《いえど》も、

国ではあるが、そのはたらきは日々に新たで止まるところがない。ここから革命に対して維新《いしん》という言葉が出て来るのである。
※朱子はこれら新の章から、三綱領の親民を民を新《あら》たにすると読んだが、これは古本大学のそのまま民に（を）親しむと読み、そこから新たにするという説に私は賛同したい。
○詩経（玄鳥篇）に王城の近く千里は文化も進み、生活も比較的豊かなので、民衆が集り、長く止まる所と思うのは当然である。
○詩経（緡蛮《めんばん》篇）に「ゆったりとしてのびやかに黄鳥（日本の鶯に似た鳥をいう）が、丘《おか》のほとりに止まって鳴き続けている」とある。孔子は「鳥でさえ安んじて止まる所を知

其《そ》の命《めい》維《こ》れ新《あら》たなりと。
是《こ》の故《ゆえ》に、君子《くんし》は其《そ》の極《きょく》を用《もち》いざる所《ところ》無《な》し。
詩《し》に云《い》わく、邦畿《ほうき》千里《せんり》、維《こ》れ民《たみ》の止《とど》まる所《ところ》と。
詩《し》に云《い》わく、緡蛮《めんばん》たる黄鳥《おうちよう》、丘隅《きゆうぐう》に止《とど》まると。子曰《しのたま》わく、止《とど》まるに於《お》いて

っているのに、人として止まるべき至善即ち正しい所を知らないでよかろうか」と言われた。

○詩経（文王篇）に「深遠な風格のある文王は、ああ常に変らず明るくて、敬み深くゆったりとしている」とある。そのように君主となっては仁政を施し、臣下となっては上を敬い自ら敬んで業務に精励し、子となっては只管孝行を励み、父となっては慈愛を旨とし、国人とは互に信《まこと》を以て交わるべきである。

其《そ》の止《とど》まる所《ところ》を知《し》る。人《ひと》を以《もっ》て鳥《とり》に如《し》かざるべけんや。

詩《し》に云わく、穆穆《ばくぼく》たる文王《ぶんのう》、於緝熙《ああしゅうき》にして敬止《けいし》すと。人君《じんくん》と為《な》りては仁《じん》に止《とど》まり、人臣《じんしん》と為《な》りては敬《けい》に止《とど》まり、人《じん》子《し》と為《な》りては孝《こう》に止《とど》まり、人《じん》父《ぶ》と為《な》りては慈《じ》に止《とど》まり、國人《こくじん》と交《まじわ》りては信《しん》

○詩経（衛風淇澳篇《きいく》）に「かの淇水《きすい》のほとりを見ると緑の竹がみずみずしく茂っている。そのように教養豊かな君子がいる、それは丁度、骨や象牙を切り、丁寧にやすりをかけてなめらかにし、石や玉をちりばめて砂で磨き上げるようなものである。おうようで、ゆったりとし、明るくて朗らかな、教養のある人物は一度会えば生涯忘れることができない。切するが如く磋するが如しというのは厭くことなく学び続けるということであり、琢するが如く磨するが如しというのは、自ら修養し

に止《とど》まる。

詩《し》に云《い》わく、彼《か》の淇《き》の澳《いく》を瞻《み》れば、菉竹《りょくちく》猗猗《いい》たり。斐《ひ》たる君子《くんし》有《あ》り、切《せつ》するが如《ごと》く磋《さ》するが如《ごと》く、琢《たく》するが如《ごと》く磨《ま》するが如《ごと》し。瑟《しつ》たり僩《かん》たり、赫《かく》たり喧《けん》たり。斐《ひ》たる君子《くんし》有《あ》り、終《つい》に諠《わす》るべからずと。切《せつ》するが如《ごと》く磋《さ》するが如《ごと》し

て徳を積むということである。瑟《しっ》たり僩たりというのは、おうようでゆったりとしていながら、人はどことなくおそれを感ずる。赫《かく》たり喧《けん》(詩経には咺とある)たりというのはどことなくたちいふるまいに威厳があっていつまでも忘れられない。徳高く至善に止まる文王武王の風貌を民は長く忘れることが出来ないのを言ったのである。

○詩経(周頌烈文篇)に「ああ前王忘られれずとある。これは後の君主は、前王の尊敬し

とは、學《がく》を道《い》うなり。琢《たく》するが如《ごと》く磨《ま》するが如《ごと》しとは、自《みずか》ら修《おさ》むるなり。瑟《しつ》たり僩《かん》たりとは、恂《じゅん》慄《りつ》なり。赫《かく》たり喧《けん》たりとは、威《い》儀《ぎ》なり。斐《ひ》たる君《くん》子《し》有《あ》り終《つい》に諠《わす》るべからずとは、盛《せい》徳《とく》至《し》善《ぜん》、民《たみ》の忘《わす》る能《あた》わざるを道《い》うなり。

詩《し》に云《い》わく、於《あ》戯《あ》前《ぜん》王《のう》忘《わす》れられずと。

た賢者を同じく賢者として尊敬し、又前王の親愛した人を変らず親愛した。又一般庶民は前王の遺《のこ》した楽しみを同じく楽しみとして、其の利としたところを利として恩沢を長く亨《う》けている。この故に亡くなられてもながく忘れられないのである。

○孔子が、「訟《うったえ》を聴いて判決を下すのは自分も他の裁判官と変ることはない。然し私の窮極の願いは訟の無いような世の中にすることだ」と言われた。真実《まこと》のない虚偽《うそ》の訟は、結局言葉を尽して言い張ることが出来なくなるものだ。要するに民が

君子《くんし》は其《そ》の賢《けん》を賢《けん》として、其《そ》の親《しん》を親《しん》とす。小人《しょうじん》は其《そ》の樂《たの》しみを樂《たの》しみとして、其《そ》の利《り》を利《り》とす。此《ここ》を以《もっ》て世《よ》を没《おわ》りて忘《わす》れられざるなり。

子《し》曰《のたま》わく、訟《うったえ》を聴《き》くこと吾《われ》猶《なお》人《ひと》のごときなり。必《かなら》ずや訟《うったえ》無《な》から使《し》めんかと。情《まこと》無《な》き者《もの》は、其《そ》の辭《ことば》を盡《つく》すを得《え》ず。大《おお》

自ら省て、自ら畏れて訟が出来なくさせる。これを人の道の本を知るというのである。これをまた知の至りともいうのである。

○八条目に「其の意を誠にす」というのは、自分が自分を欺かないことである。それは丁度悪い臭をかいだら本能的に鼻をすくめ、好きなよい色を見れば、本能的に目を見開いて見ようとするようなものである。これを自らあきたる「自謙」（謙は慊に通ず）というの

いに民《たみ》の志《こころざし》を畏《おそ》れしむ。此《これ》を本《もと》を知《し》ると謂《い》う。此《これ》を本《もと》を知《し》ると謂《い》う。此《これ》を知《ち》の至《いた》りと謂《い》うなり。所謂《いわゆる》其《そ》の意《こころばせ》を誠《まこと》にすとは、自《みずか》ら欺《あざむ》く毋《な》きなり。悪《あく》臭《しゅう》を悪《にく》むが如《ごと》く、好《こう》色《しょく》を好《この》むが如《ごと》し。此《これ》を之《こ》れ自《じ》謙《けん》と謂《い》う。故《ゆえ》

である。そこで君子は必ず自ら自分で独りを慎むのである。

○つまらない人間は暇があると善くないことを考えて、何をしでかすかわからない。それでも立派な人物に出会うと良心が目覚めて、自分が嫌になって自分の悪い所を隠して善い方を表わそうとする。然し他人がそれを見すかすことは、現代の超音波によって、肺臓肝臓を見通すようなもので、何の役にも立たないだろう。これを中に誠があれば自然に外にあらわれ出るものだという。偽もまた同じである。故に君子は必ず独りを慎むわけである。

に君子《くんし》は、必《かなら》ず其《そ》の獨《ひとり》を慎《つつし》むなり。小人《しょうじん》閒居《かんきょ》して不善《ふぜん》を爲《な》し、至《いた》らざる所《ところ》無《な》し。君子《くんし》を見《み》て后《のち》厭然《えんぜん》として、其《そ》の不善《ふぜん》を揜《おお》いて其《そ》の善《ぜん》を著《あらわ》す。人《ひと》の己《おのれ》を視《み》ること、其《そ》の肺肝《はいかん》を見《み》るが如《ごと》く然《しか》り。則《すなわ》ち何《なん》の益《えき》かあらん。此《これ》を中《うち》に誠《まこと》あれば外《そと》に形《あら》わると謂《い》う。故《ゆえ》に君子《くんし》は

○孔子の高弟曽子が「多くの人が注目するところ、多くの人が指摘するところは厳正だなあ」と言われた。

○富は家をうるおし徳は身をうるおす。従って心は廣く、体ものびのびとする。故に君子は必ず自分の意識や感情を正常にするように努める。

※富と徳を具有することを両潤《りょうじゅん》と言い、両潤庵や両潤軒等家の雅号に使われることが多い。

○八条目に、「身を修むるには、其の心を正しうするに在り」とは、例えば身（心の存する肉体）に怒を含んでい

必《かなら》ず其《そ》の獨《ひとり》を愼《つつし》むなり。
曾子《そうし》曰わく、十目《じゅうもく》の視《み》る所《ところ》、十手《じゅっしゅ》の指《ゆび》さす所《ところ》、其《そ》れ嚴《げん》なるかな。
富《とみ》は屋《おく》を潤《うるお》し、德《とく》は身《み》を潤《うるお》す。心《こころ》廣《ひろ》く體《からだ》胖《ゆた》かなり。故《ゆえ》に君子《くんし》は必《かなら》ず其《そ》の意《こころばせ》を誠《まこと》にす。
所謂《いわゆる》身《み》を修《おさ》むるには、其《そ》の心《こころ》を正《ただ》し

る時は正しく判断することはできない。恐れを懐いている時は正しく判断することはできない。片寄って好んだり楽しんだりする所があれば正しく判断することはできない。甚だ心配する所があれば、正しく判断することはできない。心が散漫して止まる所がなければ、視てもその真実が見えない。聴いてもその真実が聞こえない。又食べても本当の味がわからないということである。

うするに在《あ》りとは、身《み》忿懥《ふんち》する所《ところ》有《あ》れば、則《すなわ》ち其《そ》の正《ただ》しきを得《え》ず。恐懼《きょうく》する所《ところ》有《あ》れば、則《すなわ》ち其《そ》の正《ただ》しきを得《え》ず。好《こう》樂《らく》する所《ところ》有《あ》れば、則《すなわ》ち其《そ》の正《ただ》しきを得《え》ず。憂患《ゆうかん》する所《ところ》有《あ》れば、則《すなわ》ち其《そ》の正《ただ》しきを得《え》ず。心《こころ》焉《ここ》に在《あ》らざれば、視《み》て見《み》えず、聴《き》きて聞《きこ》えず、食《くら》いて其《そ》の味《あじ》を

○八条目に「其の家を齊うるには其の身を修むるに在り」とあるのは、例えば、人は特に親しみ愛すると片寄って正常を失う。特にいやしみにくむ所があると片寄って正常を失う。特におそれうやまう所があれば片寄って正常を失う。特にかなしみあわれむ所があれば片寄って正常を失う。又特におごりおこたる所があれば片寄って正常を失うことになるということである。そこで好んでその者の悪い点を知り、逆に憎んでそ

知らず。此《これ》を身《み》を修《おさ》むるには、其《そ》の心《こころ》を正《ただ》しうするに在《あ》りと謂《い》う。

所謂《いわゆる》其《そ》の家《いえ》を齊《ととの》うるには、其《そ》の身《み》を修《おさ》むるに在《あ》りとは、人《ひと》其《そ》の親愛《しんあい》する所《ところ》に之《お》いて辟《へき》す。其《そ》の賤悪《せんお》する所《ところ》に之《お》いて辟《へき》す。其《そ》の畏敬《いけい》する所《ところ》に之《お》いて辟《へき》す。其《そ》の哀矜《あいきょう》する所《ところ》に之《お》いて辟《へき》す。其《そ》の敖《ごう》

の者の美点を知る者は世の中に甚だ少ないものだ。

○故に昔からの諺に親はわが子の悪いことを知らない。農夫は自分の作った苗が他に比べて大きく育っているのを知らないとある。

○これを身が修まらなければ、其の家を斉えることはできないというのである。

惰《だ》する所《ところ》に之《お》いて辟《へき》す。故《ゆえ》に好《この》みて其《そ》の悪《あ》しきを知《し》り、悪《にく》みて其《そ》の美《び》を知《し》る者《もの》は、天《てん》下《か》に鮮《すく》なし。

故《ゆえ》に諺《ことわざ》に之《こ》れ有《あ》り、曰《い》わく、人《ひと》は其《そ》の子《こ》の悪《あ》しきを知《し》る莫《な》く、其《そ》の苗《なえ》の碩《おお》いなるを知《し》る莫《な》しと。

此《これ》を身《み》修《おさ》まらざれば以《もっ》て其《そ》の家《いえ》を

○八条目に「国を治むるには、必ず先ず其の家を齊う」とあるのは、自分の家の者を教えることができないで広く人を教えることの出来る者はいない。だから君子は家に在っても国人を教えることができるのである。

例えば家に在ってわが親に孝行を尽す心が君主によく事える本になるのである。兄や姉に従順であることが、世に出て年上や上司によく事える本になるのである。又妻子を慈しむ心は、民衆をよく使う本になるのである。

齊《ととの》う可《べ》からずと謂《い》う。所謂《いわゆる》國《くに》を治《おさ》むるには、必《かなら》ず先《ま》ず其《そ》の家《いえ》を齊《ととの》うとは、其《そ》の家《いえ》教《おし》う可《べ》からずして、能《よ》く人《ひと》を教《おし》うる者《もの》は之《こ》れ無《な》し。故《ゆえ》に君子《くんし》は家《いえ》を出《い》でずして、教《おしえ》を國《くに》に成《な》す。孝《こう》は君《きみ》に事《つか》うる所以《ゆえん》なり。弟《てい》は長《ちょう》に事《つか》うる所以《ゆえん》なり。慈《じ》は衆《しゅう》を使《つか》う所以《ゆえん》なり。

康誥《こうこう》に曰《い》わく、赤子《せきし》を保《やす》んずるが如《ごと》しと。心誠《こころまこと》に之《これ》を求《もと》めば、中《あた》らずと雖《いえど》も遠《とお》からず、未《いま》だ子を養《やしな》うを學《まな》びて后《のち》嫁《とつ》ぐ者《もの》有《あ》らざるなり。

一家《いっか》仁《じん》なれば、一國《いっこく》仁《じん》に興《おこ》り、一家《いっか》讓《じょう》なれば、一國讓《いっこくじょう》に興《おこ》り、一人《いちじん》貪戾《たんれい》な

○康誥（書経の一篇）に「赤子を育てるようなものだ」とあるが、国を治めるに当り一心になって政治に携わるならば、真中に的中しなくとも大きく間違うことはない。それはまだわが子を育てることを充分経験してから嫁ぐ者が無いようなものだ。三綱領の親民の例証と見るべきである。

○一家の中が互に仁の心を以て和やかに睦み合えば、自《おのずか》ら仁の気風が国中に満ちるようになる。一家の中で互に譲り合えば自ら国中に我を捨てて互に譲り合い、力を尽す美風が興ってくる。然し君主が

貪欲で道理を無視して我侭《わがまま》であると、国中挙《こぞ》って乱を起すようになる。このように治乱興亡のはずみは甚だ微妙なものである。これを昔の人が、一言の使いようで事をやぶり一人のはたらきが国を安定させる原動力となると謂うのである。

○聖天子の尭や舜は天下を率いるのに仁徳を以てしたので、民は心から悦《よろこ》んで従った。無道の王桀や紂は天下を率いるのに暴力を以てしたので、民はこれに従って、暴力が国中にはびこるようになった。このようにその発するところの命令が、自分の好むところに反すれば民はこれに従わないものである。

れば、一國亂《いっこくらん》を作《おこ》す。其《そ》の機《き》此《かく》の如《ごと》し。此《これ》を一言《いちげん》事《こと》を僨《やぶ》り、一人《いちにん》國《くに》を定《さだ》むと謂《い》う。

堯舜《ぎょうしゅん》天《てん》下《か》を帥《ひき》いるに仁《じん》を以《もっ》てして、民《たみ》之《これ》に従《したが》う。桀紂《けっちゅう》天《てん》下《か》を帥《ひき》いるに暴《ぼう》を以《もっ》てして、民《たみ》之《これ》に従《したが》う。其《そ》の令《れい》する所《ところ》其《そ》の好《この》む所《ところ》に反《はん》すれば、民《たみ》従《したが》わず。

○そこで上位にある者は、自ら正しい道を行って人にもこれを求め、又自ら誤った行を無くして後に人の誤りを誤りとして改めさせる。従って自分に恕の心を持たないで、よく人を喩し導くことの出来る者はない。

○故に国を治めるには、先ず自分の家をよく齊えるところにあるというのである。

是《こ》の故《ゆえ》に君子《くんし》は、諸《これ》を己《おのれ》に有《ゆう》して后《のち》諸《これ》を人《ひと》に求《もと》め、諸《これ》を己《おのれ》に無《な》くして后《のち》、諸《これ》を人《ひと》に非《ひ》とす。身《み》に藏《ぞう》する所《ところ》恕《じょ》ならずして、能《よ》く諸《これ》を人《ひと》に喩《さと》す者《もの》は、未《いま》だ之《こ》れ有《あ》らざるなり。

故《ゆえ》に國《くに》を治《おさ》むるには、其《そ》の家《いえ》を齊《ととの》うるに在《あ》り。

○詩経（周南桃夭篇）に、桃の花が美しく咲き、その葉がみずみずしく茂っているように、教養豊かに成長した娘が嫁いで行き、其の家人とよく調和するとある。このように婚家の人々と和やかに調和して後に、その国の人を教えることができるわけである。

○詩経（小雅蓼蕭篇）に、兄に宜しく弟に宜しとある。家の中の日常生活に於て、君主がその地位に誇らず、兄弟が和やかに睦み合う姿が、兄弟の道を無言で国人に教えることになるわけである。

詩《し》に云《い》わく、桃《もも》の夭夭《ようよう》たる、其《そ》の葉《は》蓁蓁《しんしん》たり。之《こ》の子《こ》于《ここ》に歸《とつ》ぐ、其《そ》の家人《かじん》に宜《よろ》しと。其《そ》の家人《かじん》に宜《よろ》しくして后《のち》、以《もっ》て國人《こくじん》を教《おし》うべし。

詩《し》に云《い》わく、兄《あに》に宜《よろ》しく弟《おとうと》に宜《よろ》しと。兄《あに》に宜《よろ》しく弟《おとうと》に宜《よろ》しくして后《のち》、以《もっ》て國《こく》人《じん》を教《おし》う可《べ》し。

○詩経（曹風鳲鳩《しきゅう》篇）に、君子の行為が人の道に叶って、自ら四方の国を正すとある。これは君主が家の中でよい父子、兄弟となって後に民がこれを手本とするようになるのである。これを国を治むるには、其の家を齊うるに在りと謂うわけである。

○八条目に「天下を平らかにするには、其の国を治むるに在り。」とあるのは、君主が、老人を老人として心から大切にすると、民は自ら自分の親に孝養を励むようになる。君主

詩《し》に云《い》わく、其《そ》の儀《ぎ》忒《たが》わず、是《こ》の四《し》國《こく》を正《ただ》すと。其《そ》の父子《ふし》兄弟《けいてい》と爲《な》りて、法《のっと》るに足《た》りて后《のち》、民《たみ》之《これ》に法《のっと》るなり。此《これ》を國《くに》を治《おさ》むるには、其《そ》の家《いえ》を齊《ととの》うるに在《あ》りと謂《い》う。

所謂《いわゆる》天下《てんか》を平《たい》らかにするには、其《そ》の國《くに》を治《おさ》むるに在《あ》りとは、上《かみ》老《ろう》を老《ろう》とし

が年長者を年長者として大事にすると、民は自ら兄や姉に素直に従うようになる。君主がみなしごをあわれんでよく面倒を見ると、民は心から従うようになる。そこで君主には君主としてのよるべき尺度（基準）となる道があるわけである。

○上位に対して嫌だと思うことを以て下位の者を使ってはならない。下位に対して嫌だと思うことを以て上位に事えてはならない。前に対して嫌だと思うことを後に移してはならない。後に対して嫌だと思うことを以て前に移してはならない。右に対して嫌だと思うことを以て左に交ってはならない。左に対して嫌だと思うことを以て右

て民《たみ》孝《こう》に興《おこ》り、上《かみ》長《ちょう》を長《ちょう》として民《たみ》弟《てい》に
興《おこ》り、上《かみ》孤《こ》を恤《あわれ》みて民《たみ》倍《そむ》かず。是《ここ》を以《もっ》
て君子《くんし》に絜矩《けっく》の道《みち》有《あ》るなり。
上《かみ》に悪《にく》む所《ところ》を以《もっ》て下《しも》を使《つか》う毋《なか》れ。下《しも》
に悪《にく》む所《ところ》を以《もっ》て上《かみ》に事《つか》うる毋《なか》れ。前《まえ》に
悪《にく》む所《ところ》を以《もっ》て後《うしろ》に先《さき》んずる毋《なか》れ。後《うしろ》に
悪《にく》む所《ところ》を以《もっ》て前《まえ》に従《したが》う毋《なか》れ。右《みぎ》に悪《にく》む

に交ってはならない。これを人間交際の尺度（基準）と謂うわけである。

○詩経（南山有台篇）に、「ゆったりとして楽しげな君主は民の父母」とあるが、民の好むところを好み、民の悪むところを共に悪む。このように民と好悪を共にする君主を民の父母というのである。

○詩経（小雅節南山篇）にそそり立つ高いあの南山は、石がいかめしく積み重って、天

所《ところ》を以《もっ》て左《ひだり》に交《まじ》わる毋《なか》れ。左《ひだり》に悪《にく》む所《ところ》を以《もっ》て右《みぎ》に交《まじ》わる毋《なか》れ。此《これ》を之《こ》れ絜矩《けっく》の道《みち》と謂《い》う。

詩《し》に云《い》わく、樂只《らくし》の君子《くんし》は民《たみ》の父母《ふぼ》と。民《たみ》の好《この》む所《ところ》之《これ》を好《この》み、民《たみ》の悪《にく》む所《ところ》之《これ》を悪《にく》む。此《これ》を之《こ》れ民《たみ》の父母《ふぼ》と謂《い》う。

詩《し》に云《い》わく、節《せつ》たる彼《か》の南山《なんざん》、維《こ》れ

下の総ての人が仰ぎ見るように、周の大師である尹氏という人は、地位が優れて高く、民は目を睜《みは》って彼を仰ぎ見詰めている」とある。国を有《たも》つ君主は慎まねばならない。私利我欲に片寄ってわがままになると、身は弑《しい》せられ、国は亡ぼされて、大きなはずかしめを受けることになる。

○詩経（大雅文王篇）に「殷は善政を施してまた人望を失わず上帝（天）と並んで天子の位にいたが、紂に至り暴政を施して人望を失い、遂に天位を失ってしまった。そこで殷の変遷を見て、自らを顧る鑑《かがみ》とせよ。天の大命はそうやすやすと降る

石《いし》巌巌《がんがん》たり。赫赫《かくかく》たる師《し》尹《いん》、民《たみ》具《とも》に爾《なんじ》を瞻《み》ると。國《くに》を有《たも》つ者《もの》は以《もっ》て慎《つつし》まざる可《べ》からず。辟《へき》すれば則《すなわ》ち天下《てんか》の僇《りく》となる。

詩《し》に云《い》わく、殷《いん》の未《いま》だ師《もろもろ》を喪《うしな》わず、克《よ》く上帝《じょうてい》に配《はい》す。儀《よろ》しく殷《いん》に鑒《かんが》みるべし。峻命《しゅんめい》易《やす》からずと。衆《しゅう》を得《う》れば則《すなわ》ち

ものではない」とある。これは衆望を得れば国を得、衆望を失えば国を失うことをいうのである。

○そこで君主は先ず徳を慎んで積む。そうしてその高徳の君主を慕って自《おのずか》ら四方から集って来る。人が集って来れば、土地が拓ける。土地が拓けると財物が多く生産されるようになる。財物が多く生産されれば、そこからいろいろなはたらきが活発に起ってくるわけである。

○要するに徳が本で財は末である。

國《くに》を得《え》、衆《しゅう》を失《うしな》えば則《すなわ》ち國《くに》を失《うしな》うを道《い》う。

是《こ》の故《ゆえ》に君子《くんし》は先《ま》ず徳《とく》を愼《つつし》む。徳《とく》有《あ》れば此《こ》れ人《ひと》有《あ》り。人《ひと》有《あ》れば此《こ》れ土《ど》有《あ》り。土《ど》有《あ》れば此《こ》れ財《ざい》有《あ》り。財《ざい》有《あ》れば此《こ》れ用《よう》有《あ》り。

徳《とく》は本《もと》なり。財《ざい》は末《すえ》なり。

○本である徳をおろそかにして、末である財を重んずれば、遂には民を争わせて奪い合うことを勧めることになるのである。

○そこで税をきびしく取り立てて、国に財が集り過ぎると、民衆は生活が苦しくなって他国へ去って行くようになる。逆に財を活用して民衆の幸福をはかれば、その風を聞いて他国からもどんどん集って来るようになる。
○これと同じく道理に反した無茶な言葉を吐くとそのしかえしとして暴言が返って来る。又財も無理をして入れたものは、やがて意に反して出ていくものだ。

本《もと》を外《そと》にして末《すえ》を内《うち》にすれば、民《たみ》を争《あらそ》わしめて奪《うば》うことを施《ほどこ》す。

是《こ》の故《ゆえ》に財《ざい》聚《あつま》れば則《すなわ》ち民《たみ》散《さん》じ、財《ざい》散《さん》ずれば則《すなわ》ち民《たみ》聚《あつ》まる。

是《こ》の故《ゆえ》に言《げん》悖《もと》りて出《い》ずる者《もの》は、亦《また》悖《もと》りて入《い》る。貨《か》悖《もと》りて入《い》る者《もの》は、亦《また》悖《もと》りて出《い》ず。

○康誥に「天命はいつもその人の上にあるとは限らない」とあるのは、善行を積み重ねて徳が高くなれば天命は自然に授けられるが、遂に悪行を積み重ねて徳が亡くなると意に反して天命を失うということを言ったものである。

○楚書（今の国語の中の楚語）に楚国には特に誇る程の宝はないが、唯一つ宝としているのは善行を積む優れた家臣である。

○舅犯（晋の文公の母方の伯父）が文公を戒めて「われわれ亡命中の者には、宝とすべき者は何もない。ただ親の死に仁の道を以て対することを宝とする」と言っている。

康誥《こうこう》に曰《い》わく、惟《こ》れ命《めい》常《つね》に于《お》いてせず
と。善《ぜん》なれば則《すなわ》ち之《これ》を得《え》、不善《ふぜん》なれば
則《すなわ》ち之《これ》を失《うしな》うを道《い》う。

楚書《そしょ》に曰《い》わく、楚國《そこく》は以《もっ》て寶《たから》と爲《な》す
無《な》く、惟《ただ》善《ぜん》以《もっ》て寶《たから》と爲《な》すと。

舅犯《きゅうはん》曰《い》わく、亡人《ぼうじん》以《もっ》て寶《たから》と爲《な》す無《な》く
仁親《じんしん》以《もっ》て寶《たから》と爲《な》すと。

○秦誓（書経周書の篇）に、ここに一人の重臣がある。生真面目ではあるが特に秀でた才能があるわけではないが、その心はおおらかで、すべてのものを包み込むようである。人の秀れた才能のあるのを見て、自分があるように喜び、人が大変立派だという評判があると、それを心からよいとして、単に口先でほめるだけでなく、本心からこれを受け容れる。こうしてわが子孫万民を保んずるであろう。まことに心から利があるように願うばかりである。

秦誓《しんせい》に曰《い》わく、若《も》し一个《いっか》の臣《しん》有《あ》らんに断断《だんだん》として他技《たぎ》無《な》く、其《そ》の心《こころ》休休《きゅうきゅう》として、其《そ》れ容《い》るる有《あ》るが如《ごと》し。人《ひと》の技《ぎ》有《あ》る、己《おのれ》之《こ》れ有《あ》るが若《ごと》く、人《ひと》の彦聖《げんせい》なる其《そ》の心《こころ》之《これ》を好《よ》みし、啻《ただ》に其《そ》の口《くち》より出《い》ずるが如《ごと》きのみならず、寔《まこと》に能《よ》く之《これ》を容《い》る。以《もっ》て能《よ》く我《わ》が子孫《しそん》黎民《れいみん》を保《やす》んそれとは逆に、人の才能のあるのを悪み、人が秀れて評判がよいのを見て世に通じないようにする。このように本心から包み込むことができない。これでは子孫万民を保んずることはできない。なんと危いことだなあとある。

○ただ仁人であってこういう人物を思い切って追放し、これを外国に退けて国内で共に居ないようにする。これを唯仁人のみが能く人を愛し、能く人を悪むを為すというのである。

ぜん。尚《こいねが》わくば亦《また》利《り》あらん哉《かな》。人《ひと》の技《ぎ》有《あ》る、媢《ぼう》疾《しつ》して以《もっ》て之《これ》を悪《にく》み、人《ひと》の彦《げん》聖《せい》なる、之《これ》に違《たが》いて通《つう》ぜざら俾《し》む。寔《まこと》に容《い》るる能《あた》わず。以《もっ》て我《わ》が子《し》孫《そん》黎《れい》民《みん》を保《やす》んずる能《あた》わず。亦《また》曰《ここ》に殆《あやう》い哉《かな》と。唯《ただ》仁《じん》人《じん》之《これ》を放《ほう》流《りゅう》し、諸《これ》を四《し》夷《い》に迸《しりぞ》けて、與《とも》に中《ちゅう》國《ごく》を同《おな》じうせず。此《これ》を唯《ただ》仁《じん》

○知徳兼備の優れた人物、賢人を見ながら挙げ用いることができず、挙げても上位に引き上げて、その能力を充分発揮させることの出来ないのは君主の怠慢(命は怠のあやまりと解する説が多い)である。不善の人を見ながら退けることができず、退けても遠ざけることのできないのが過である。

○人の悪むところ即ち道義にはずれた行為を好み、道義に叶った正しい行為を悪む。これ

人《じん》能《よ》く人《ひと》を愛《あい》し、能《よ》く人《ひと》を悪《にく》むを為《な》すと謂《い》う。

賢《けん》を見《み》て挙《あ》ぐる能《あた》わず、挙《あ》げて先《さき》んずる能《あた》わざるは命《めい》なり。不善《ふぜん》を見《み》て退《しりぞ》くる能《あた》わず、退《しりぞ》けて遠《とお》ざくる能《あた》わざるは過《あやま》ちなり。

人《ひと》の悪《にく》む所《ところ》を好《この》み、人《ひと》の好《この》む所《ところ》を悪《にく》

を人の本性にもとるという。そういう者にはわざわいが必ずその身に及んでくるものだ。

○そこで君子に歩むべき大道がある。必ず忠信（まこと）の心を以て実践することによって高い地位は得られるが、おごりたかぶり、そしてなまけることによって、折角得た地位を失うことになる。財を生ずるにも大道がある。生産する者が多く、これを消費する者が少なく、生産をはやくして消費をおもむろにすれば財は常に足るのである。

む。是《これ》を人《ひと》の性《せい》に拂《もと》ると謂《い》う。菑《わざわい》必《かなら》ず
夫《そ》の身《み》に逮《およ》ぶ。
是《こ》の故《ゆえ》に君子《くんし》に大道《だいどう》有《あ》り。必《かなら》ず忠信《ちゅうしん》
以《もっ》て之《これ》を得《え》、驕泰《きょうたい》以《もっ》て之《これ》を失《うしな》う。財《ざい》を
生《しょう》ずるに大道《だいどう》有《あ》り。之《これ》を生《しょう》ずる者《もの》衆《おお》く
之《これ》を食《しょく》する者《もの》寡《すく》なく、之《これ》を為《つく》る者《もの》疾《はや》く
之《これ》を用《もち》うる者《もの》舒《おもむろ》なれば、則《すなわ》ち財《ざい》恒《つね》に足《た》

○仁者は財を世に施してその身をおこすが、不仁者は身を犠牲にして財をつくる。

○まだ上位にある者が仁を好んで、下位にある者が義を好まない者はない。まだ義を好んで、物事が首尾よく終らない者はない。まだ国庫の財も当然の財として人手に渡ったことはない。

る。

仁《じん》者《しゃ》は財《ざい》を以《もっ》て身《み》を發《おこ》し、不仁《ふじん》者《しゃ》は身《み》を以《もっ》て財《ざい》を發《おこ》す。

未《いま》だ上《かみ》仁《じん》を好《この》みて、下《しも》義《ぎ》を好《この》まざる者《もの》は有《あ》らざるなり。未《いま》だ義《ぎ》を好《この》みて、其《そ》の事《こと》終《おわ》らざる者《もの》は有《あ》らざるなり。未《いま》だ府《ふ》庫《こ》の財《ざい》、其《そ》の財《ざい》に非《あら》ざる者《もの》は有《あ》ら

○魯の大夫の孟献子が、下級の大夫となって四頭立ての馬車に乗り、俸禄もそれなりに多くなれば、零細の農家の収入源である鶏や豚を飼うことを思わないようになる。更に夏氷を切って祖廟のお供物の腐敗を防ぐことのできる卿大夫の地位につけば、俸禄も一層多くなるので、牛や羊を飼って収入を大いにふやそうと考えなくなる。百乗を持つことの出来る家老の家では、きびしく税金を取り立てる有能な家臣を用いない。その取り立てのきびしい家臣より、むしろ家の財を横領する家臣のいる方がまだましである。これを国は目先の利を以て利とせず、義を以て真の利とするというのである。

ざるなり。

孟献子《もうけんし》曰《い》わく、馬乗《ばじょう》を畜《か》えば、鶏豚《けいとん》を察《さつ》せず。伐氷《ばつぴょう》の家《いえ》には、牛羊《ぎゅうよう》を畜《か》わず。百乗《ひゃくじょう》の家《いえ》には、聚斂《しゅうれん》の臣《しん》を畜《やしな》わず。其《そ》の聚斂《しゅうれん》の臣《しん》有《あ》らんよりは、寧《むし》ろ盗臣《とうしん》有《あ》れと。此《これ》を國《くに》は利《り》を以《もっ》て利《り》と為《な》さず義《ぎ》を以《もっ》て利《り》と為《な》すと謂《い》うなり。

○国の責任者として財用を司る者は、必ず才能のすぐれたいわゆるやり手によって事務を処理する。然し彼がよく出来るからといって、これに高い地位を与えて国政に当らせると、天災人害が共にやって来る。たとえ立派な人物が下位に在っても、どうすることもできない。これを国は目先の利を以て利とせず、義(道理に叶った人間の道)を以て真の利とするのである。

※曽子七十五代の直裔曽慶淳先生は文化大革命の大嵐を越えて、今中国南武山麓の曽子廟に在って先祖の祭と教を継承しています。尊師孔子直裔七十七代の直裔孔徳成先生と共に存在していることは世界の奇跡というべきでしょう。

國家《こっか》に長《ちょう》として財用《ざいよう》を務《つと》むる者《もの》は、必《かなら》ず小人《しょうじん》に自《よ》る。彼《かれ》之《これ》を善《よ》くすと為《な》して、小人《しょうじん》をして國家《こっか》を為《おさ》め使《し》むれば、菑《さい》害《がい》並《なら》び至《いた》る。善者《ぜんしゃ》有《あ》りと雖《いえど》も、亦《また》之《これ》を如何《いかん》ともする無《な》し。此《これ》を國《くに》は利《り》を以《もっ》て利《り》と為《な》さず、義《ぎ》を以《もっ》て利《り》と為《な》すと謂《い》うなり。

平成十八年七月五日
有源舎に於て
九十一迂叟　伊與田覺

編集後記

伊與田覺先生の直筆になる素読用『仮名大学』を上梓させていただけることは無上の喜びです。伊與田先生は大正五年のお生まれ。平成十九年の今年、満九十一歳を迎えられます。先生は七歳から論語に親しまれ、長じては希代の碩学《せきがく》安岡正篤先生に深く傾倒、その薫陶《くんとう》を受けられました。四書五経をはじめとする中国古典の教えは、あたかも伊與田先生の身体に溶け込んでいるかのような趣です。

そんな伊與田先生との道縁に恵まれ、先生を講師として昨平成十八年七月から半年間、当社が発行する月刊誌『致知』の愛読者を対象に、『大学』講座を六回に亘って開催させていただきました。これが本書発刊のきっかけとなったのです。

講座は毎回、受講者全員で『大学』全文を朗読するところから始まりました。全員が朗々と唱和する姿を目の当たりにして、心打たれるものがありました。その嬉々として活力に溢れた様子に、素読の働きの大きさが余すところなく表れていたのです。

この実感が『大学』素読用テキストの決定版を作りたいという思いとなり、伊與田先生の快諾を得て、本書に結実することになったのです。

伊與田先生丹精の書は昨年夏から数か月をかけて書き上げられました。独学に供するために適切な解説文も付け加えられました。

「手がふるえないかと心配したが、杞憂《きゆう》だったよ」

破顔一笑された伊與田先生。先生の渾身《こんしん》の墨痕《ぼっこん》には感謝あるのみです。

本書が幼児から大学生までの若い人たちに一人でも多くひもとかれることを願わずにはいられません。素読は若年ほど上達が早いといいます。これからの時代を担う人たちに古典素読の習慣が広まり、その学びを身体に溶け込ませた人材が輩出して、それぞれの受け持つ一隅を確固として照らし出す。その魁《さきがけ》になることを祈って、本書をここに送り出します。

平成十九年二月吉日

株式会社致知出版社

代表取締役社長　藤尾　秀昭

著者略歴

伊與田覺（いよた・さとる）

大正５年高知県に生まれる。学生時代から安岡正篤氏に師事。昭和15年青少年の学塾・有源舎発足。21年太平思想研究所を設立。28年大学生の精神道場有源学院を創立。32年関西師友協会設立に参与し理事・事務局長に就任。その教学道場として44年には財団法人成人教学研修所の設立に携わり、常務理事、所長に就任。62年論語普及会を設立し、学監として論語精神の昻揚に尽力した。平成28年逝去。

著書に『「人に長たる者」の人間学』『愛蔵版「仮名論語」』『己を修め人を治める道 「大学」を味読する』『「孝経」人生をひらく心得』『人物を創る人間学』『安岡正篤先生からの手紙』『いかにして人物となるか』『「孝経」を素読する』ほか、『「論語」一日一言』の監修（いずれも致知出版社）などがある。

読本『仮名大学』

『大学』を素読する

平成十九年三月十二日第一刷発行
令和六年十一月五日第十刷発行

著者 伊與田覺
発行者 藤尾秀昭
発行所 致知出版社
〒150-0001東京都渋谷区神宮前四の二十四の九
TEL（〇三）三七九六―二一一一
印刷・製本 中央精版印刷

ISBN978-4-88474-771-8 C0095
ホームページ https://www.chichi.co.jp
Eメール books@chichi.co.jp